BEI GRIN MACHT SICH IHR WISSEN BEZAHLT

- Wir veröffentlichen Ihre Hausarbeit, Bachelor- und Masterarbeit

- Ihr eigenes eBook und Buch - weltweit in allen wichtigen Shops

- Verdienen Sie an jedem Verkauf

Jetzt bei www.GRIN.com hochladen und kostenlos publizieren

Bibliografische Information der Deutschen Nationalbibliothek:

Die Deutsche Bibliothek verzeichnet diese Publikation in der Deutschen Nationalbibliografie; detaillierte bibliografische Daten sind im Internet über http://dnb.d-nb.de/ abrufbar.

Dieses Werk sowie alle darin enthaltenen einzelnen Beiträge und Abbildungen sind urheberrechtlich geschützt. Jede Verwertung, die nicht ausdrücklich vom Urheberrechtsschutz zugelassen ist, bedarf der vorherigen Zustimmung des Verlages. Das gilt insbesondere für Vervielfältigungen, Bearbeitungen, Übersetzungen, Mikroverfilmungen, Auswertungen durch Datenbanken und für die Einspeicherung und Verarbeitung in elektronische Systeme. Alle Rechte, auch die des auszugsweisen Nachdrucks, der fotomechanischen Wiedergabe (einschließlich Mikrokopie) sowie der Auswertung durch Datenbanken oder ähnliche Einrichtungen, vorbehalten.

Impressum:

Copyright © 2016 GRIN Verlag, Open Publishing GmbH
Druck und Bindung: Books on Demand GmbH, Norderstedt Germany
ISBN: 9783668487888

Dieses Buch bei GRIN:

http://www.grin.com/de/e-book/370068/camilo-torres-restrepo-ein-leben-zwischen-kirche-und-freiheitskampf

Krishna von Astran

Camilo Torres Restrepo. Ein Leben zwischen Kirche und Freiheitskampf

GRIN Verlag

GRIN - Your knowledge has value

Der GRIN Verlag publiziert seit 1998 wissenschaftliche Arbeiten von Studenten, Hochschullehrern und anderen Akademikern als eBook und gedrucktes Buch. Die Verlagswebsite www.grin.com ist die ideale Plattform zur Veröffentlichung von Hausarbeiten, Abschlussarbeiten, wissenschaftlichen Aufsätzen, Dissertationen und Fachbüchern.

Besuchen Sie uns im Internet:

http://www.grin.com/

http://www.facebook.com/grincom

http://www.twitter.com/grin_com

PHIL. THEOL. HOCHSCHULE SANKT GEORGEN, FRANKFURT (MAIN)

Camilo Torres Restrepo – eine Vita

Verfasser: Krishna Ram Albers

11.04.2016

Phil.-Theol. Hochschule Sankt Georgen, FFM
Methoden der Kirchengeschichte (M2)

Inhalt

1. Situation in Kolumbien zwischen 1929-1966 ....- 2 -
2. Die „La Violencia" ....- 2 -
3. Kurzbiografie ....- 2 -
4. Was das Lexikon für Theologie und Kirche wiedergibt ....- 4 -
5. Torres in jungen Jahren (1929-1954) ....- 4 -
6. Torres ab 1954 ....- 4 -
7. Torres letzten Lebensjahre (1965/66) ....- 7 -
8. Was hat sich verändert durch ihn? ....- 7 -
9. Märtyrer – Seligsprechen – Ja oder Nein? ....- 8 -
10. Literaturverzeichnis ....- 10 -

Phil.-Theol. Hochschule Sankt Georgen, FFM
Methoden der Kirchengeschichte (M2)

1. Situation in Kolumbien zwischen 1929-1966

Das Land ist in Abhängigkeit von seinem Export, insbesondere vom Kaffeeexport. Ferner herrscht seit geraumer Zeit eine Korruption im Lande, wie man sie nur aus Filmen und Büchern kennt. Im zweiten Weltkrieg, wovon Kolumbien nicht ausgeschlossen war, wurde vieles zerbombt und zerschossen. Auch einige Schulen, wie unter anderem auch die „*Colegio Alémani*", auf der Camilo Torres einige Zeit seiner Schulzeit verbrachte. Leider blieb das Land mit dem Exportklassiker „*Kaffee*" nicht verschont von der Brutalität und Habgier der großen Mächte, wie die Vereinigten Staaten es waren. So wurden jahrelang die Bauern Kolumbiens ausgebeutet und der Kaffeepreis immens gedrückt – zum Wohle der westlichen Industriestaaten.

2. Die „La Violencia"

Entscheidend für die Sinneswandlung von Torres war neben seinen Exerzitien mit den Dominikanern die „*La Violencia*", einer der verheerenden Bürgerkriege dieser Welt. Sie wütete von 1948 bis 1958 in Kolumbien und betraf die gesamte Gesellschaft. Im Grunde genommen war es anfangs nur ein Streit zwischen den Liberalen, „*Partido Liberal Colombiano*" und der konservativen Partei, „*Partido Conservador Colombiano*"[1]. Ausgelöst wurde dieser Streit durch die Ermordung am 9.April 1948 von Jorge Eliécer Gaitán, der Präsidentschaftskandidat der liberalen Partei. Es folgten Straßenschlachten zunächst in Bogotá (auch „*Bogotazo*" genannt), dann griff das Feuer der Gewalt auch auf die ländliche Gebiete über, sodass in kürzester Zeit ganz Kolumbien im Bürgerkrieg war. Um wieder Herr der Lage zu werden, bildete sich ein Pakt zwischen den beiden Parteien, „*um ihre gemeinsamen Herrschaftsinteressen gegen die Rebellion von unten zu verteidigen.*"[2]

3. Kurzbiografie

Geboren ist Camilo Torres Restrepo am 3.2.1929 in Bogotá, Kolumbien, als Sohn einer sehr reichen und angesehenen Familie. Nach einem abgebrochenen Jurastudium und einer Verlobung entschied sich der junge Mann, nach Exerzitien mit Dominikaner, den Menschen zu helfen, indem er den Weg zum Priester einschlug. So studierte er Philosophie und katholische Theologie.

---

[1] *La Violencia*
[2] GÄRTNER *La Violencia*

Krishna Ram Albers

1954 wurde er dann zum Priester geweiht. Kardinal Luque von Bogotá empfahl ihm das Studium der Soziologie in Löwen, Belgien. Kurzweilig wirkte Torres auch als Seelsorger in West-Berlin bis 1959, als er dann nach Bogotá zurückkehrte. In Bogotá wurde er Studentenpfarrer an der Nationalen Universität von Kolumbien. Seinem Handeln ist es verdankt, dass es seitdem auch eine soziologische Fakultät an der Nationaluniversität gibt. Die Armut und das soziale Ungleichgewicht in Kolumbien beschäftigte Torres so sehr, dass er begann, eine Zusammenarbeit zwischen Christen und Marxisten aufzubauen und zu fördern. Camilo Torres beschäftigte sich mit der „La Violencia", die lange Zeit in Kolumbien wütete. In den Jahren 1962/63 veröffentlichte Camilo Torres mit dem Landpfarrer Germán Guzmán und den beiden Soziologen Eduardo Umaña Luna und Orlando Fals Borda einige Studien über *„die Violencia in Kolumbien"*.

Zitate wie *„Warum sollen wir streiten, ob die Seele sterblich oder unsterblich sei, wenn wir beide wissen, dass Hunger tödlich ist"*[3] und ähnliche sorgten dafür, dass er durch Radiointerviews und intensive öffentliche Arbeit schnell nationale Berühmtheit erlangte. Seit 1965 begann er auch sozialrevolutionäre Ideen zu verbreiten, weshalb er mehrfach aufgefordert wurde, dies zu unterlassen. Erzbischof Kardinal Concha sah in Torres' Tätigkeiten die Kirche in Gefahr, da Torres gegen jene wetterte, die stetige Besucher der Kirchen waren und nicht allzu selten großzügige Spenden gaben. Torres wurde indes seines Amtes enthoben und auch seine Ämter in der Universität musste er niederlegen, da es einige schwerwiegende Streitfälle gab zwischen ihm und dem Rektor der Hochschule. Als fortan Laientheologe bereiste er Kolumbien, um seine christlich-marxistische Bewegung bekannter zu machen. Besonders die Jugend nahm dies positiv auf. Viele aus seiner Gefolgschaft wollten ihn als Führer der Partei „National Front", ein Zusammenschluss aus der liberalen und kommunistischen Partei, haben. Er selbst aber versuchte die gesamten linksgerichteten Parteien in Kolumbien unter der „Frente Unido" zu vereinigen (ab 1964). Im Oktober des Jahres 1965 schloss er sich der Nationalen Befreiungsfront, die „Ejercito de Liberacion Nacional (ELN)" an, die kommunistisch geprägt war.
Seitdem an wirkte er im Untergrund mit und verlor sein Leben am 15.02.1966 in der Nähe von San Vicente de Chucuri in Santander, bei der Verteidigung einer Stadt gegen die kolumbianische Armee. Bis zum heutigen Tage ist seine Leiche nicht auffindbar.

---

[3] ROTTSCHEIDT *Camilo Torres*; domradio.de; 15.02.2016

4. Was das Lexikon für Theologie und Kirche wiedergibt

Das LThK gibt recht wenig Auskunft über ihn. Man liest folgendes im LThK Band 10 (2001):

„*Torres Restrepo, Jorge Camilo, christlich-militanter Sozialreformer, *3.2.1929 Bogotá, +15.2.1966 San Vincente (Kolumbien; nach abgebrochenem Jurastudium Eintritt ins Priesterseminar, 1954 Priesterweihe. Nach dem Studium der Soziologie und Politik-Wiss. in Löwen (Belgien) zunächst Lektor und Studentenpfarrer in Bogotá, wo T. sich insbes. der Analyse soz. Probleme widmete und Kommunalarbeiten unterstützte, seit 1962 dann am nat. Institut für Landreform tätig. Am 26.02.1965 von den priesterl. Pflichten entbunden. T. entschied sich für die gewaltsame Revolution, schloss sich deshalb der Nationalen Befreiungsarmee an und wurde 1966 von Regierungstruppen erschossen.*"[4]

5. Torres in jungen Jahren (1929-1954)

Die Kindheit verbrachte Camilo überwiegend in Europa, was nicht untypisch war für seinen Stand in der Gesellschaft. Seine schulische Bildung genoss er an den angesehen Schulen „*Colegio Alemán*" und „*Liceo Cervantes*"[5]. Er absolvierte die Schule mit der allgemeinen Hochschulreife und begann kurze Zeit später ein Studium der Rechtswissenschaften. Nachdem Camilo Torres sich verlobt hatte und auf dem besten Wege war, seinem Namen alle Ehre zu machen, begegnete er den französischen Dominikanern. Auf den Exerzitien mit den Dominikanern entschloss sich Camilo Torres seinen eigenen Weg zu ändern und wechselte von der Rechtswissenschaft in die Theologie und schlug den Weg als Priester ein. 1954 wurde er dann zum Priester geweiht. Auf Empfehlung des Erzbischofes von Kolumbien ging er nach Löwen, Belgien, und ergänzte sein Fachwissen in Soziologie und Politikwissenschaften.

6. Torres ab 1954

Nach seiner Weihe studierte Camilo Torres Restrepo in Löwen, Belgien, Soziologie. Er reiste umher, wirkte unter anderen in Paris, Berlin, Prag und den USA[6]. 1959 kehrte Torres zurück nach Bogotá, wo er dann an der Nationaluniversität Studentenpfarrer wurde. Zu dem Zeitpunkt, 1959, gab es bis dato keinen Studentenpfarrer an der Nationaluniversität in Bogotá. Zudem erschwerte die antiklerikale Haltung der Studierenden Torres die Arbeit als Studentenpfarrer. Seine ehemalige Verlobte Dona Isabel beschrieb es mit folgenden Worten: „*Die Studenten kehrten ihm den Rücken. In der Antipathie, die sie gegen alles empfanden, was Soutane trug, ließen sie sich nicht einmal zu einem Gruß herab*"[7].

Ireneo Rosier, Freund und Beichtvater von Torres und Professor an der Universität, fasste die Stimmung im Folgendem zusammen: „*Der schlimmste Vorwurf, der mir je dort während meiner

---

[4] KASPER, *LThK*, S. 116
[5] LÜNING, *Camilo Torres*, S. 13f
[6] STEHLE, *Der Weg der Gewalt*, S. 11
[7] LÜNING, *Camilo Torres*, S. 49

Professor gemacht wurde, hieß: Er versucht, die Universität zu desatheisieren."[3] Nichtdestotrotz schien Camilo Torres eine Ausstrahlung zu haben, weshalb ihm dennoch viele Studierende Aufmerksamkeit schenkten. Ein ehemaliger Student namens Hernán Zambrano wurde interviewt in Bezug auf Pfarrer Torres Restrepo und gab folgende, relevante Sachen zu Protokoll:

- Torres wollte nie im Mittelpunkt stehen
- Torres beeindruckte die Studierende durch Spontaneität
- Torres sprach die einfache Sprache, sodass viele ihm verstanden
- seine Predigten waren immer aktuell[8]

Seine offene, direkte und sympathische Art und Weise wurde von vielen Studierenden und auch Dozierenden positiv aufgenommen. Seinem Engagement ist es zu verdanken, dass die Nationaluniversität in Bogotá eine Fakultät für Sozialwissenschaften hat. *(vgl. Wikipedia „Camilo Torres", zuletzt aufgerufen 22.03.16, 13:53)*.

Bedingt durch die Zwangsexmatrikulation von einigen Studenten nach den Aufständen und Demonstrationen in Bogotá vom Mitte Mai 1962, denen man aufrührerisches Verhalten nachsagte, fühlte sich Camilo Torres dazu genötigt, sich jenen solidarisch zu zeigen. Denn den Studierenden konnte man außer der Mitgliedschaft der Kommunistischen Partei nichts nachweisen. Bei den Demonstrationen in Bogotá wurden viele Studierende erschossen. Camilo Torres predigte am 8. Juni 1962 eine seiner bekanntesten Predigten, die sehr wahrscheinlich seinen Vorgesetzten Kardinal Luque dazu bewegte, Torres aus seinem Amt zu heben. Camilos Mutter berichtet: *„Camilo kündigte an, man wolle die Messe für alle ermordeten Studenten feiern, auch für die Kommunisten."*[4] Camilo begründete seine Aussage so: *„Christus [sei] gekommen, nicht die Guten, sondern die Sünder zu erlösen[...][und] sie hätten in gutem Glauben gehandelt und [seien] darum gerettet[...]."*[9] Camilo Torres war nicht der Einzige unter den Dozierenden, die sich gegen die Willkür des Rektorates zu Wort meldete. Fast alle Professoren der soziologischen Fakultät unterzeichneten das Schreiben von Torres an das Rektorat. *„Torres und die Professoren erklärten, sie seien keineswegs grundsätzlich gegen Disziplinarstrafen. Sanktionen aber, die den Verdacht **politischer** Verfolgungen erwecken, müssten sie ablehnen*[10]. Die Reaktion des Rektorates ließ nicht lange auf sich warten, und verfügte die Schließung der Universität. Es traten viele Studierende in den Streik. Auf den Versammlungen der Studierenden beriet man über eine Neubesetzung des Rektorates. Hier kam die Sympathie der Studierende zu Torres wieder zur Geltung, denn viele wollten Torres als neuen Rektor haben. Kardinal Concha, direkter Vorgesetzter von Torres zu diesem Zeitpunkt, sah eine Gefahr in Torres Handlungen. Eine Politisierung der Kirche musste vermieden werden, da die regierenden Parteien in Kolumbien seit 1958 die Kirche wieder akzeptierten. Und diese Akzeptanz galt es nun zu schützen, so die Sichtweise des Kardinals. Kardinal Concha forderte Torres auf, sich aus allen Universitätsämtern herauszuziehen.[11]

---

[8] LÜNING, *Camilo Torres*, S. 51
[9] LÜNING, *Camilo Torres*, S. 61
[10] LÜNING, *Camilo Torres*, S. 61
[11] LÜNING, *Camilo Torres*, S. 62

Phil.-Theol. Hochschule Sankt Georgen, FFM
Methoden der Kirchengeschichte (M2)

Camilo Torres folgte dem Befehl des Kardinals ohne Zögern und begründete sein Handeln der Zeitung *El Catolicismo*:

> *„Die Persönlichkeit des Priesters ist wie die Persönlichkeit Christi schwer zu verstehen. [...] die Gegenwart des Göttlichen im Menschlichen[...] verursacht im Geist der Menschen Konflikte. [...]bei der Erwägung eines Gesichtspunktes vergisst er (der Mensch) oftmals einen anderen, nicht minder wichtigen Gesichtspunkt."*[12]

Im weiteren Verlauf des Interviews mit der Zeitung stützt Camilo Torres die Entscheidung seines Bischofs:

> *„Mein Bischof, der die Verantwortung für das Ganze hat, riet mir, mich aus der Universität zurückzuziehen. Er hätte von mir verlangen können, meine Haltung zu ändern. Er tat es nicht, weil er wusste, dass ich aus gutem Glauben handelte."*[13]

Nachdem Torres sich aus dem Universitätsleben zurückzog, setzte Kardinal Concha den jungen Priester im Februar 1962 als Vertreter der Kirche in den Vorstand des kolumbianischen Institutes für Agrarreform (*INCORA*) ein, welche die Macht hatte, Großgrundbesitzer zu enteignen zur Durchführung der Reformen, die von der Regierung kamen. In dieser Zeit, wo Torres in der INCORA tätig war, begegnete er zum ersten Mal dem Bauernproletariat. Jene Schicht, die er sonst bisher nur aus Statistiken kannte.[7] Er lernte jene Probleme und Situationen kennen, mit denen er bisher sonst nie zu tun hatte. *„Er erlebte, was es heißt, krank zu werden im Landesinneren, wo häufig für 10.000 Bauern ein Arzt zur Verfügung steht."*[14] Dieses Missverhältnis und das ausbeuterische Verhalten der Großgrundbesitzer veranlassten Camilo Torres dazu, sich politisch auch Gedanken dazu zu machen. Als Soziologe und Politologe machte er sich auf die Suche nach dem Ursprung dieses Missstandes. Er stieß dabei immer häufiger bei seiner aktiven Arbeit auf die Antwort, dass man das Leid nicht alleine lindert, geschweige behebt, durch *„...technische Hilfsmaßnahmen, legale Reformen und die übliche Form der katholischen Caritas..."*[15]. 1961 trat ein Reformgesetz in Kraft, welches die Bauern stärken und die Großgrundbesitzer mehr verpflichten sollte. Jedoch wurde dies Gesetz kaum beziehungsweise gar nicht umgesetzt, weil es zu viele Kräfte in den Parlamenten und in der INCORA gab, die dies zu verhindern wussten durch Aushöhlung oder Verschleppung des Gesetzes. Torres versuchte sich einzusetzen mit Reformvorschlägen technischer, ökonomischer und juristischer Art. Womöglich ging er so weit mit seiner Umsetzung der Nächstenliebe, weshalb er *„für die wirtschaftliche und politische Oligarchie und die katholische Hierarchie (...) als Aufwiegler, Kommunist und Revolutionär"*[8] galt. Dem anderen Lager, dem der Gewerkschafter, Arbeiter und Bauern, gab er dadurch einen ersten Hoffnungsschimmer aus dem Leben des Elends.

---

[12] LÜNING *Camilo Torres*, S.63
[13] LÜNING *Camilo Torres*, S.63
[14] LÜNING *Camilo Torres*, S.69

[15] HEYDENREICH SCHUTZ, *Camilo Torres* S.9

7. Torres letzten Lebensjahre (1965/66)

1965 wurde Torres von seinen priesterlichen Pflichten entbunden. Einige sagen, er sei freiwillig zurückgetreten, andere wiederum behaupten, er sei dazu genötigt worden. Welche der beiden Aussagen auch richtig sein mag, eins steht fest: seine Ausübungen und Bestrebungen dienten immer der Nächstenliebe, so sagte Torres es selbst in seinem Aufruf an die Christen „*Mensaje a los cristianos*" in „*Frente Unido*":

> „*...Daher ist die Revolution für die Christen, die in ihr die einzig wirksame und umfassende Möglichkeit sehen, die Liebe zu allen Menschen zu verwirklichen, nicht nur erlaubt, sondern sie ist seine Pflicht.*"[16]

Torres wurde von seinen Kritikern, vor allem aus dem konservativen Lager, als Kommunist betitelt. Torres wehrte sich dagegen in seinem Aufruf an die Kommunisten am 2.September 1965 „*Mensaje a los comunistas*", ebenfalls in der „*Frente Unido*" erschienen:

> „*Die Kommunisten müssen sich ihrerseits klar darüber sein, dass ich nicht in ihre Reihen eintreten werde, das ich weder Kommunist bin noch sein werde, weder als Kolumbianer noch als Soziologe, noch als Christ, noch als Priester.*"[17]

1966 wurde Torres Restrepo ermordet, bei einer Verteidigung einer Stadt gegen die Regierungsarmee. „*Sein Leichnam wurde bis heute nicht gefunden. Die Regierung befürchtet, dass eine Kultstätte am Grabe Torres entstünde – ein potentieller Brandherd*".[18]

Die „*Frente Unido*" war eine Zeitung, die Torres hervorbrachte in der Zeit, wo er mit den Guerilleros zusammenwirkte. Übersetzt bedeutet dies: „vereinte Front". Also eine Zeitung mit dem Ziel, die Unterdrückten und vereinzelten Gruppen, die gegen die Regierung kämpften, zu vereinen.

8. Was hat sich verändert durch ihn?

Mit seinem beeindruckenden Auftritt ermutigte Torres viele kolumbianische Bauern und arme Menschen, die der Willkür der herrschenden Klasse ausgeliefert waren. Zudem gab es mit Torres erstem Schritt, die Kirche „wieder an ihren Platz zu führen", viele Nachzügler, die mehr oder minder Torres gefolgt sind. Torres gilt als einer der ersten Befreiungstheologen Lateinamerikas. Deutlich bekannter ist Oscar Romero, der etwas später als Torres sein Leben verlor (1980), nachdem er ebenfalls wie Torres sich für die Armen der Gesellschaft eingesetzt hatte. Nach Torres Tod war der Kampf um die Befreiungstheologie nicht beendet. Ganz im Gegenteil mit seinen aktiven Kampf für die Armen sowohl in der Bildung (Studentenpfarrer an der Nationaluniversität), der Wirtschaft (INCORA) als auch auf den Straßen (Guerillero), motivierten viele Menschen weltweit, über Missstände nachzudenken. Speziell in Lateinamerika, wo viele Gemeinden aus Menschen bestehen, die in prekären sozialen Lagen leben, wurde immer häufiger die Frage gestellt nach der Gültigkeit und Gerechtigkeit der Kirchenhierarchie. Ab 1968, 2 Jahre nach der Ermordung von Camilo

---

[16] HEYDENREICH SCHULZ, *Camilo Torres* S. 204f
[17] HEYDENREICH SCHULZ, *Camilo Torres* S. 207
[18] WRadio, 2016

Torres, beriefen die Bischöfe Lateinamerikas ein Treffen ein, die sie „Option für die Armen" nannten, denn sie wollten den Blickwinkel der gesamten Kirche ändern und dies neue Sehen als „Maßstab kirchlichen Handelns"[19] setzen. Die Auswirkungen des Kampfes um die Befreiungstheologie schwappten auch nach Europa herüber. 1983 wird die Theologie von Gutierrez von dem damaligen Präfekt der Glaubenskongregation, Kardinal Joseph Ratzinger, stark kritisiert. Es kommt 1984 sogar zu Lehrverboten. Auch der Vatikan verurteilt viele Befreiungstheologen, wie unter anderem auch Leonardo Boff, der ebenfalls ein bekennender Befreiungstheologe ist. Ihm wird vorgeworfen, dass er marxistische Ideen vertrete. Während es relativ ruhig in Europa zugeht, in Bezug auf die Befreiungstheologie, werden in Lateinamerika zig viele Menschen ermordet und umgebracht. 1989, als in Europa der eiserne Vorhang fiel, wurden jesuitische Befreiungstheologen getötet. Einer von ihnen war Ignacio Ellacuria. Man mag zwar meinen, dass das Geschichte sei. Nichtsdestotrotz geht der „Kampf um die Befreiungstheologie" weiter. Während es zu Zeiten des kalten Krieges recht eindeutig vom Vatikan gegen den Kommunismus/Marxismus ging, und dementsprechend auch gegen die Befreiungstheologie, bröckelt es auch mit der „Einheitlichen Linie" des Vatikans. So wurde 1997 der Theologe Tissa Balasuriya aus Sri Lanka wegen seiner Lehrweise exkommuniziert, jedoch ein Jahr später wieder in die Kirche aufgenommen.[20]

9. Märtyrer – Seligsprechen – Ja oder Nein?

Eine Frage, die viele Sozialisten unter den Christen beschäftigt. Man mag Torres vielleicht verurteilen, weil er zur Waffe gegriffen hat. Aber ehe man ihn deswegen verurteilt, möge man auch bedenken, dass in der Vergangenheit der Kirche so einige zur Waffe griffen und dennoch selig- bzw. heiliggesprochen worden. Papst Johannes Paul II. predigte 1979 in Lateinamerika *„Solidarität mit den Unterdrückten"*, eine Zustimmung zur Befreiungstheologie. Jedoch betonte er zugleich, dass es unvereinbar mit der kirchlichen Lehre sei Christus als Revolutionär zu sehen.[21]

Schon im Jahre 1966 stellt der damalige Papst Paul VI. klar *„Kirche muss an der Seite der Armen stehen – doch das Mittel der Gewalt rechtfertigt das niemals."*[22]

Kritisch betrachtet scheinen diese Aussagen von den beiden Päpsten zynisch, denn wie sich mehrfach schon ereignet hat, war die Kirche als weltlicher Teil nicht unschuldig bei verschiedensten Aktionen. Noch heute werden vielerorts Soldaten und Waffen gesegnet, durch die Kirche selbst. Nun könnte man zwar meinen, dass dies nur zur Verteidigung diene. Dennoch möchte ich dies schwerwiegende Argument nicht einfach außen vor lassen in einer Debatte um die Gewalt(-losigkeit) der Kirche. Wiederum ist die Ablehnung der gewalttätigen Amtsträger in der Kirche durchaus berechtigt und gut.

„Ich aber sage euch: Leistet dem, der euch etwas Böses antut, keinen Widerstand, sondern wenn dich einer auf die rechte Wange schlägt, dann halt ihm auch die andere hin." (Mt 5,39).

---

[19] *Befreiungstheologie,* domradio, 2007
[20] *Befreiungstheologie,* domradio.de, 2007
[21] *Befreiungstheologie,* domradio.de, 2007
[22] ROTTSCHEIDT *Camilo Torres;* domradio.de; 15.02.2016

Phil.-Theol. Hochschule Sankt Georgen, FFM
Methoden der Kirchengeschichte (M2)

Wie schon Jesus hier zur Gewaltlosigkeit aufruft, so soll auch die Kirche gewaltlos sein. An anderer Stelle wird der Aufruf zur Gewaltlosigkeit noch deutlicher. Joh 18,10 – 11: *„Simon Petrus aber, der ein Schwert bei sich hatte, zog es, schlug nach dem Diener des Hohenpriester und hieb ihm das rechte Ohr ab; der Diener hieß Malchus. Da sagte Jesus zu Petrus: Steck das Schwert in die Scheide! Der Kelch, den mir der Vater gegeben hat – soll ich ihn nicht trinken?"*

Dass es nicht immer der gewaltsame Weg sein muss, belegt uns Oscar Romero, der ohne Waffengewalt versuchte, die Gesellschaft zu verbessern, indem er Jesus nacheiferte. Im Gegensatz zu Torres war jedoch Romero etwas älter, vielleicht auch schon etwas lebenserfahrener.

Wiederum darf man nicht außer Acht lassen, dass die Alternativen für Torres für ihn nicht infrage kamen. Ab 1961/2 erlebte er Menschen, die die Hilfe Christi sehr gut gebrauchen konnten. Er sah, wer an ihrem Leid und Elend die Schuld trug. Er versuchte es auf dem diplomatischen Weg, doch dort trat er auf der Stelle. In der INCORA waren viele tätig, die viel besaßen und sich darum bemühten, sozialere Gesetze zu verschleppen. Da selbst sein Bischof und auch andere Mitbrüder, die etwas hätten ändern können, von der Lage profitierten, war wohl die einzige Möglichkeit mit den Oppositionellen zusammen zu arbeiten. Und das waren zunächst die Kommunisten, die auch durch die *Violencia* viele Leute verloren haben. Als dann auch diese Zusammenarbeit zusammenbrach, aufgrund verschiedener Umsetzungsgedanken und interner Streitigkeiten, sah Torres nur noch im bewaffneten Kampf die Rettung.

Ein wichtiges Kriterium in der Geschichtswissenschaft ist und bleibt das Hineinversetzen in die Lage der damaligen Personen und ihrer reellen Möglichkeiten. Erst dann ist ein Handeln fair zu beurteilen.

Ich bin der Ansicht, dass Torres zwar nicht heiliggesprochen werden sollte. Das würde nur den Weg der Gewalt in der Kirche legitimieren, und das sollte möglichst vermieden werden. Ihn aber für sein Handeln und sein befreiendes Denken und Lehren zu verurteilen? Das würde ihm und vielen Befreiungstheologen Unrecht tun.

Weitere, nicht im Text erwähnte, Quellen:

(Lartéguy, 1968), (Spiegel, Theologie der Befreiung, 1979), (Spiegel, Kolumbien - Kuba ist unser Leuchtturm, 1995)

10. Literaturverzeichnis

Domradio. (31. 05 2007). *Befreiungstheologie*. Abgerufen am 16. 12 2015 von Domradio: http://www.domradio.de/nachrichten/2007-05-31/wichtige-daten-zur-befreiungstheologie

GÄRTNER, P. (03 2008). *Quetzal Online-Magazin*. Abgerufen am 10. 04 2016 von Politik und Kultur in Lateinamerika: http://www.quetzal-leipzig.de/lexikon-lateinamerika/la-violencia-19093.html

HEYDENREICH, T., & SCHULZ, H. (1969). *Camilo Torres Vom Apostolat zum Partisanenkampf*. Reinbek bei Hamburg: Rowohlt Taschenbuch Verlag GmbH.

KASPER, W. (2001). *Lexikon für Theologie und Kirche* (Bd. 10). (W. Kasper, Hrsg.) Freiburg im Breisgau: Herder-Verlag.

LARTÉGUY, J. (29. 07 1968). Auch Christus hätte zum Gewehr gegriffen. *DER SPIEGEL* (31), S. 54-65.

LÜNING, H. (1969). *Camilo Torres: Priester, Guerrillero; Darstellung, Analyse, Dokumentation*. Hamburg: Fruche-Verlag.

ROTTSCHEIDT, I. (15. 02 2016). *Camilo Torres*. Abgerufen am 22. 03 2016 von Domradio: http://www.domradio.de/radio/sendungen/anno-domini/ein-priester-greift-zur-waffe

Spiegel. (20. 11 1995). Kolumbien - Kuba ist unser Leuchtturm. *DER SPIEGEL* , S. 190-195.

Spiegel. (22. 01 1979). Theologie der Befreiung. *DER SPIEGEL* (04), S. 176.

STEHLE, E. (1975). *Der Weg der Gewalt - Camilo Torres*. Schaffenburg: Paul Pattloch Verlag.

Wikipedia. (21. 06 2015). *La Violencia*. Abgerufen am 10. 04 2016 von Wikipedia: https://de.wikipedia.org/wiki/La_Violencia

WRadio. (15. 02 2016). Abgerufen am 27. 03 2016 von http://www.wradio.com.co/noticias/actualidad/donde-esta-el-cadaver-de-camilo-torres-el-cura-guerrillero-que-influyo-generaciones/20160215/nota/3061121.aspx

BEI GRIN MACHT SICH IHR WISSEN BEZAHLT

- Wir veröffentlichen Ihre Hausarbeit, Bachelor- und Masterarbeit

- Ihr eigenes eBook und Buch - weltweit in allen wichtigen Shops

- Verdienen Sie an jedem Verkauf

Jetzt bei www.GRIN.com hochladen und kostenlos publizieren